Johann Ignaz Melchior Felbiger

**Vorlesung von der Schuldigkeit der Geistlichen**

In Absicht auf die Pfarrschulen gehalten am 9. December 1780

Johann Ignaz Melchior Felbiger

**Vorlesung von der Schuldigkeit der Geistlichen**
*In Absicht auf die Pfarrschulen gehalten am 9. December 1780*

ISBN/EAN: 9783743410183

Hergestellt in Europa, USA, Kanada, Australien, Japan

Cover: Foto ©Lupo / pixelio.de

Manufactured and distributed by brebook publishing software (www.brebook.com)

Johann Ignaz Melchior Felbiger

**Vorlesung von der Schuldigkeit der Geistlichen**

# Johann Ignatz von Felbiger

Probstens des Kollegiatstifts zu Preßburg, Oberdirektors des deutschen Schulwesens in den kais. königl. Staaten, und Kurators der katechetischen Anstalten zu Wien

# Vorlesung

von der

## Schuldigkeit der Geistlichen

in Absicht auf die

## Pfarrschulen

gehalten am 9. December 1780.

Presbyteri per villas et vicos scholas habeant.
Canon Conc. Constanpl. III.

**Wien, 1782.**

 Verlagsgewölbe der deutschen Schulanstalt bei St. Anna in der Johannesgasse.

# Vorerinnerung.

Katechetische Vorlesungen sind seit dem Anfange des Septembers 1774. von dem Verfasser in der Wiener Normalschule gehalten worden, da derselbe von der in Gott ruhenden Kaiserinn, der unvergeßlichen Maria Theresia, den Auftrag erhielt, die Einrichtung des deutschen Schulwesens zu besorgen.

Vielfältig, und in den ersten Jahren auch vier bis fünfmal, letztlich aber nur zweymal in jedem Schuljahre sind dergleichen Vorlesungen angefangen und vollendet worden. Die Zahl der Zuhörer war dabei oft sehr groß, und unter diesen befanden sich nicht selten Leute, welche die Humanitätsstudien entweder noch gar nicht, oder erst kürzlich vollendet hatten. Diesen fehlten immer die nöthigen Vorerkenntnisse, auch mußten sie noch sehr lange warten, eh sie das Erlernte zu brauchen Gelegenheit haben konnten; der Unterricht fruchtete daher bei solchen Personen

## Vorerinnerung.

wenig oder nichts. Da dieß gehörig vorgestellet wurde, erfolgte endlich unter dem 12ten September. 1780. nachstehende Verordnung.

„Nachdem Ihrer kaiserl. königl. apo„stolichen Majestät allerunterthänigst vor„gestellet worden ist, daß der bisherige
„Unterricht der dem ordensgeistlichen Stan„de sich widmenden Kandidaten sowohl in
„der Normalschulmethode, als in der Kate„chisationslehrart größtentheils ohne Nu„tzen sey, weil diese Kandidaten insge„mein sehr jung, und zu Fassung dieses Un„terrichtes zu wenig geeignet sind, diesel„ben auch das Erlernte erst nach mehreren
„Jahren, bis sie ordinirt worden, in Aus„übung bringen können, mittlerweile aber
„solches wieder vergessen; so haben Al„lerhöchst Ihre Majestät um diesem vorzu„beugen, und diesen Unterricht der jungen
„Geistlichen gemeinnützlicher zu machen, auf
„einen an Allerhöchstdieselben erstatteten aller„gehorsamsten Bericht unterm 26. vorigen
„Monats August zu resolviren geruhet, daß
„die Kandidaten in die Klöster hinfüro ohne
„vor-

## Vorerinnerung.

„ vorhergegangenen Unterricht und Prüfung
„ in der Normal- und Katechisationslehrart
„ zwar aufgenommen werden mögen, jedoch sol-
„ len sie sich diese Kenntnisse während der Zeit
„ ihrer Klosterstudien beilegen, und nicht
„ eher zu Priestern geweihet werden, als
„ bis sie darüber eine Prüfung, und zwar
„ bei der Normalschule allhier vor geschehen-
„ der Ordinirung ausgestanden, und so-
„ denn ein gutes Zeugniß erhalten haben.
„ Dieser Unterricht sey aber den jun-
„ gen Geistlichen von einem Ordensprie-
„ ster im Kloster selbst, und zwar, wo
„ Klosterhauptschulen sind, von dem ohne-
„ hin vorhandenem Direktor derselben, oder
„ einem andern schon hierzu abgerichte-
„ tem und geprüften Priester zu ertheilen;
„ diejenigen Klöster aber, bei welchen keine
„ Hauptschulen sind, und welche unter ihren
„ Ordensgeistlichen noch kein zu solchem Lehr-
„ amte taugliches und approbirtes Subjekt
„ haben, sollen einen geschickten Priester ih-
„ res Ordens hieher zur Normalschule zu
„ bestimmter Zeit, und zwar in gegenwär-
„ tigem Jahre den 1ten December zur Er-
„ langung dieses Unterrichts abschicken, da-
„ mit

## Vorerinnerung.

„ mit dieser sich allhier abrichten lassen, und
„ sohin selbst in seinem Kloster die jungen
„ Geistlichen unterweisen könne. „

Dieser Verordnung gemäß, schickten jene Klöster, welche noch keine abgerichtete Personen hatten, Geistliche nach Wien, um das, was zum zweckmässigen Katechisiren, und zur Aufsicht der Schulen zu wissen nöthig ist, zu erlernen. Sie wurden dazu nebst verschiedenen Weltgeistlichen, und Kandidaten zu diesem Stande im ersten Kurse des Schuljahres 1781. welches mit dem 1ten November des bürgerlichen Jahres anfängt, unterwiesen; diese sind es, an welche nachstehende Rede gehalten wurde.

Ein Theil meiner heutigen Zuhörer besteht aus Ordensgeistlichen, welche bestimmt sind, hier zu lernen, wie sie ihre jungen Brüder unterweisen sollen, nicht nur wohl zu katechisiren, sondern auch gehörige Sorgfalt über die Volksschulen in den Pfarretheyen zu tragen.

Nach der Bestimmung der allgemeinen Schulordnung §. 20. sollte kein Kandidat in einen geistlichen Orden eher aufgenommen werden, als nachdem er in einer Normalschule bei der angestellten Prüfung bewiesen, daß er von beiden oben erwähnten Dingen hinlängliche Kenntniß sich erworben habe.

Die Zahl derjenigen war nicht geringe, welche bisher diesen Unterricht hier erhielten. Unter diesen kamen aber auch sehr viele vor, welche allzu jung waren, um den Unterricht gehörig zu fassen. Wenn man solche Personen von fünfzehn bis sechszehn Jahren in den Orden eintraten, so hatten sie wenigstens acht, auch wohl neun Jahre zu warten, bis sie ihre Oberen zur Katechisation, oder Aufsicht der Schulen brauchen konnten. Es war also gewiß zu vermuthen, daß ihnen das Meiste von allem über diese Gegenstände vorgetragenem aus dem Gedächtnisse gekommen, und es eben so viel seyn würde, als hätten sie davon nichts gehöret. Diesem abzuhelfen hat die niederösterreichische Regierung unter dem 12. September 1780. verordnet, daß die Unterweisung in diesen Stücken erst dann, und zwar von einem ihrer älteren Brüder geschehen solle, wann sie an dem sind die Priesterweihe zu empfangen. Wie nun diese Weihung nicht gegeben wird, als nachdem das schriftliche Zeugniß über die erlangten Kenntnisse von dem Katecheten der Normalschule erhalten, und beym Examen vorgezeiget ist, so folgt, daß dergleichen Unterwiesene sich zuvor dieser Prüfung unterwerfen, und deßhalb zeitig genug sich in der Normalschule melden müssen.

So ungern als man von Seiten der Normalschule die Zeugnisse versaget, so wenig kann und soll man auch dergleichen jenen ertheilen, welche die gehörigen Kenntnisse nicht erlanget haben.

Um nun dergleichen Schwachen keinen Aufenthalt zu machen, oder sie ohne dergleichen Zeugniß zurückzuweisen, möchten wohl die Vorsteher der Stifter, Klöster und Orden die Anstalt machen, damit die Ordinandi alles Vorgeschriebene sich bekannt gemacht hätten, und sich zur Prüfung melden, wenn sie zu Diakonen geweihet werden wollen; geschieht dieß, und besteht so ein Ordinandus nicht, so kann er doch zum Diakon geweihet werden; er hat noch Zeit sich alles besser bekannt zu machen, und seine Tüchtigkeit in einer zweyten Prüfung zu zeigen, wenn er kömmt um Priester zu werden.

Dieß

Dieß ist es, was ich wegen der Veranlassung der Abänderung dieses Absatzes der Schulordnung, und zugleich habe anführen wollen, um die künftigen Unterweiser zu vermögen, allen Fleiß auf ihre jungen Brüder zu wenden, und es so einzurichten, damit man dieselben nicht zurückzuschicken, und an Erhaltung der Priesterweihung zu hindern genöthiget werde.

Es ist bekannt, wie noch viele Geistliche der Meinung sind, daß sie die Schulen gar nichts angehen, und daß die Sorgfalt, welche man nun von ihnen hierüber fodert, eine ungebührliche Zumuthung sey. Hätten aber jene, welche dieser Meinung beipflichten, sich in der Geschichte umgesehen, oder wollten sie über die Ursachen dieser Zumuthungen nachdenken, so würden sie gar bald erkennen, daß ihre Meinung irrig sey. Es ist meine Pflicht sie hierüber aufzuklären; zwar werde ich nichts neues vorbringen, ich habe das nämliche bei manchen Gelegenheiten bereits vorgebracht, man wird mir aber diese Wiederholung übel zu nehmen nicht Ursache haben, da schwerlich zu hoffen ist, daß jeder meiner Zuhörer die Schriften lesen werde, wo alles dieß schon vorgekommen ist; ich hoffe Sie meine Herrn dadurch geneigter zu machen, die veranstalteten Vorlesungen für wichtiger zu halten, als wohl sonst geschehen dürfte; ja ich hoffe, daß die anwesenden Ordensgeistlichen eben diese Gründe ihren jungen Brüdern bekannt machen, einprägen, und dadurch bewogen Geistliche ziehen werden, welche sich als warme Schulfreunde zu erweisen geneigt seyn dürften.

Vor allen übrigen will ich Ihnen die Gründe anführen, warum Geistliche, welchen die Seelsorge obliegt,

lieget, sich der niedrigsten oder der sogenannten Volksschulen anzunehmen haben.

Die Pflicht der Seelsorger ist: ihre Schäflein in
der Wissenschaft des Heils zu unterweisen, ihnen Begriffe von der Religion beizubringen, sie geneigt und wil-
lig zu machen, die Pflichten zu erfüllen, welche sie uns
auferleget.

Was für Schwierigkeiten empfindet nicht ein Seelsorger, wenn er Personen vor sich hat, die keine ihrer
Seelenkräfte geübet haben, deren Gedächtniß etwas zu
behalten, und deren Verstand die Beschaffenheit einer
Sache einzusehen nicht gewohnt ist? So sind alle Kinder
gemeiner Leute, besonders des Landvolks, ja der größte
Theil der Erwachsenen dieser Klasse von Menschen ist
also beschaffen, wenn sie niemals einigen Unterricht in
Schulen erhalten haben.

Es ist höchst mühsam solchen Leuten einigen Begriff von den Hauptwahrheiten der Religion beizubringen. Es hat die größten Schwierigkeiten ihnen einige
Sätze ins Gedächtniß zu bringen, und darin zu erhalten.
Unsäglich schwerer aber ist es zu machen, daß sie das ins
Gedächtniß gebrachte verstehen, und doch hilft alles
Auswendiggelernte nichts, wenn es nicht verstanden wird,
und die Religion, dergleichen die Schuldigkeit eines
Christen ist, besteht weder in wörtlich auswendig ge-
lernten, noch auch in richtig erkannten Lehrsätzen, sondern in dem ungezweifeltem Beifalle, den man
von Gott geoffenbarten Wahrheiten gibt, und
vornämlich in der willigen Befolgung der göttli-
chen Befehle und der Gebote seiner Kirche.

Wird

Wird aber ein Mensch, der so roh ist, daß er von der Pflicht und von dem Nutzen der Befolgung göttlicher Gebote keinen Begriff hat, sich zur Befolgung entschliessen? er wird immer nach seinen Neigungen, nach seinem Eigendünkel, nach Vorurtheilen handeln, so sehr auch diese Handlungen den Pflichten der Religion zuwider sind. Wenn man bedenket, daß in der Schule, besonders wo die Lehrer vernünftig bei allen Gegenständen zu verfahren angeleitet, und verhalten sind, (wie es nun überall geschehen soll,) wenn man bedenket, sag ich, daß in der Schule die Seelenkräfte der Kinder thätig gemacht, das ist: etwas im Gedächtnisse zu behalten, es einzusehen, darüber zu urtheilen, und davon zu reden angehalten werden, so sieht man leicht, daß es den Seelsorgern nicht so schwer sey, solchen Personen richtige Begriffe von der Religion beizubringen, als andern, welche dergleichen Vorbereitung nicht haben, und wie wird die Mühe den Geistlichen nicht schon dadurch erleichtert, da unsere Schulmeister angewiesen sind, ihren Schülern die Religionslehren nach dem Inhalte des vorgeschriebenen Katechismus ins Gedächtniß zu bringen.

Der Seelsorger ist durch letzterwähnte Anstalt der schwersten Arbeit bei der Jugend, welche die Schule besuchet, überhoben: er hat nur zu erforschen, ob und wie das Nöthige gefasset worden; er hat nur das Nichtverstandene zu erklären, das Uibelbegriffene zu berichtigen, das Mangelhafte zu ergänzen, anstatt daß er bei jenen, welche in der Schule nicht sind unterwiesen worden, alle Arbeit des Schulmeisters selbst auf sich nehmen, mit der größten Mühe die Sätze dem Gedächtniß seiner Katechumenen selbst einprägen muß. Kann der Seelsorger

ger alsdann wohl Zeit genug darauf verwenden, gesetzt, daß er auch Geduld genug hätte, durch noch weit grössere Mühe es dahin zu bringen, damit das Erlernte richtig verstanden, und was das Wichtigste ist, das Herz dadurch gerühret, der Mensch zur Folgsamkeit geneigt werde? und kömmt er endlich mit einem oder zweyen Katechumenen zu rechte, so ist es nicht zu hoffen, daß er mit einer ganzen Schaar so roher Kinder, und auch bei denen, die also erwachsen sind, es weit bringen werde.

Was folgt daraus? dieses: die Katechumenen fassen aufs höchste einige Säze oder Formeln ins Gedächtniß, diese, wenn es noch gut ist, verstehen sie etwa halb: aber gerührt werden sie davon schwerlich seyn, sie dürften endlich wohl das Aeußerliche der Gebräuche unserer heiligen Religion mitmachen, aber ohne davon richtige Begriffe zu haben; sie zeigen alsdann einigen Schein der Religion, aber gewiß ohne in der That Religion zu haben, wie sie ein Christ haben soll.

Prüfen Sie meine Herren ihre künftigen Pfarrkinder, welche die Schule nicht besuchet, oder darin schlechten Unterricht erhalten haben, und die Erfahrung wird das, was ich hier sage, bestättigen. Glauben Sie nicht, daß es bei Erwachsenen schon besser gehen, daß Ihre Predigten, Ihre Ermahnungen in und ausser dem Beichtstuhl bei Uibelunterrichteten viel Nutzen schaffen werden; wo der Grund fehlet oder schlecht ist, führt man immer nur hinfällige Gebäude auf. Ein Seelsorger, der seinen Schäflein recht nützlich seyn, und sie leicht auf den Weg des Heils leiten will, muß deßhalb auf den heranwachsenden Theil seiner Heerde, auf die

Jugend

Jugend grosse Sorge verwenden; hier arbeitet er mit der größten Hoffnung eines guten Erfolgs; er wird die Früchte in den folgenden Jahren an seiner weit gesegneteren Amtsführung einärndten.

Diese Gründe werden hoffentlich die Seelsorger überzeugen, daß es ihr eigener Vortheil erfodere, bei dem gemeinen Volke und besonders den Landleuten dahin sich zu bemühen; daß die Jugend die Schulen besuche, und daß sie daselbst vorschriftmäßig unterwiesen werde; diese Gründe sollten den Geistlichen die Augen öffnen, um zu sehen, daß es keine ungebührliche Zumuthung sey, wenn nun gefodert wird, daß sie über die niedrigsten Schulen die Aufsicht führen sollen.

Aber die Ordensgeistlichen wird wohl mancher denken, haben doch nicht eben diese Ursachen?

Ich räume es ein, daß die angeführten Gründe nicht diejenigen verbinden, welche ein blos beschauliches Leben führen, oder auf andere Art dem Nächsten nützlich zu seyn durch Gelübde sich anheischig gemacht haben.

Versehen denn aber nicht viele Ordensgeistliche Pfarretheyen, welche zu ihren Stiftern oder Klöstern sind geschlagen worden? geben sich nicht viele andere damit ab, den ordentlichen Seelsorgern hilfreiche Hand zu leisten, deren Stelle zu vertreten, bei denselben Vikarien, Kapläne, oder wie man dergleichen geistliche Gehilfen sonst immer nennen mag, zu machen; diese wenigstens haben eben die Verbindlichkeit auf sich, welche jene haben, deren Stelle sie vertreten.

Es

Es läßt sich nicht vorhersehen, welcher Ordensgeistliche dazu in der Folge zu brauchen seyn dürfte: es ist also eine sehr weise und auch nothwendige Verfügung der Schulordnung, daß alle junge Ordenspersonen sich zu dem geschickt machen, was ihnen einstens zu thun obliegen möchte.

Nachdem ich die Gründe gezeiget habe, warum Geistliche sich der Obsorge der Schulen annehmen, und dazu sich geschickt machen sollen, so muß ich auch aus der Geschichte darthun, was in vorigen Zeiten deßhalb verfüget worden, und wirklich geschehen ist. Die allerälteste Verordnung, welche mir hierüber bekannt ist, hat die sechste allgemeine Kirchenversammlung im Jahre 680 gemacht. Presbyteri per villas & vicos scholas habeant, verordnet das dritte konstantinopolische Concilium: Hier sehen wir Stadt- und Landschulen, wir sehen, daß die Pfarrer Schulen haben sollen; denn Priester hieß man in damaligen Zeiten (wo es noch keine bloße Meßpriester, wie heutiges Tages gab,) die Seelsorger, welche Gemeinden vorstanden. * Da die Kir=

---

* Der heilige Hieronymus contra Vigilantium bedienet sich solcher Ausdrücke, daraus dieß erhellet, da er sagt: Auctores sunt hujus dictiunculæ meæ sancti *Presbyteri* Riparius & Desiderius, qui *parochias suas* vicinia istius scribunt esse infectas; ein gleiches erscheinet aus den Worten Sulpitii Severi Dial. 1. c. 4. ecclesiam loci illius presbyter regit, nam parochia est episcopi, qui Hierosolymam te-

Kirchenverſammlung den Seelſorgern Schulen zu haben auftrug, wer wird zweifeln, daß ſie nicht auch verlangte, die gehörige Sorgfalt und Aufſicht darüber zu tragen.

Bei den erſten Schulen hatten aber Geiſtliche nicht allein die Aufſicht, ſie unterwieſen ſo gar ſelbſt, und zwar unentgeltlich, wie aus dem Beiſatze des Biſchofs Theodulphus von Orleans erhellet, der an die Geiſtlich-

tenet. Die Vorſteher der Landkirchen hießen presbyteri rurales. Im Concilio Neocæſarienſi hat man hierüber im 13. Kapitel den Beweis in folgenden Worten: miniſtrantes in eccleſiis ruralibus rurales presbyteri vocantur.

Die Seelſorger in Flecken hießen presbyteri vicani, auch dies bezeuget das 13. Kapitel des Concilii zu Neocäſarea: Vicani presbyteri non poſſunt in dominico urbis offerre præſente epiſcopo, vel urbis presbyteris. Die Seelſorger in groſſen Städten, wo wegen der Menge der Gläubigen auſer der biſchöflichen Hauptkirche noch mehrere waren, hießen entweder blos presbyteri, oder presbyteri urbani. Hier iſt eine Stelle aus dem heiligen Epiphanio hæres. 69. Arian. c. 1. Quotquot Alexandriæ catholicæ eccleſiæ ſunt, uni Archiepiſcopo ſubjectæ, ſuus cuique præpoſitus eſt presbyter, qui eccleſiaſtica munera iis adminiſtrat, qui circa eccleſias illas habitant, lichkeit seiner Diöces vorerwähnten Kanon: Presbyteri per villas, & vicos scholas habeant, einschärfet, und hinzusetzet, & si qui fideles suos parvulos ad discendas litteras commendaverint, eos suscipere, & docere non renuant, cum ergo eos *docent*, nihil ab eis *pretii* pro hac re exigant. Wenn es ja etwann schiene, die zu Orleans gemachten Anordnungen giengen Deutschland nicht an, so veroffenbaret sich das Gegentheil aus nachstehendem Gesetze Kaiser Karls des Grossen: Notum igitur sit Deo placitæ devotioni vestræ, quia nos una cum fidelibus nostris consideravimus, utile esse, ut *Episcopia & Monasteria* nobis Christo propitio ad gubernandum commissa præter regularis vitæ ordinem, atque sanctæ religionis conversationem, etiam in literarum meditationibus eis, qui donante Domino discere possunt, secundum uniuscujusque capacitatem *docendi studium* debeant impendere.

Wer bemerkt hier nicht eine doppelte Erweiterung des zuerst angeführten Kanons, erstlich zwar auf die Domkirchen, zweytens auf die Klöster, ut episcopia & monasteria — etiam in literarum meditationibus —docendi studium debeant impendere. In den zuletzt angeführten Worten docendi studium debeant impendere ist der Befehl, daß Geistliche selbst lehren sollen, enthalten.

Die Schulen, welche noch heutiges Tages bei allen Kathedral- und Kollegiatstiftern, wie auch bei den Pfarrtheyen sich befinden, sind dieser Anordnung des Kaiser Karls des Grossen ihr Daseyn schuldig. Selbst in den Ländern, wo das Christenthum später ist eingeführet worden, hat man bei Errichtung der Kirchen auch auf

das

das Anlegen der Schulen immer Bedacht genommen, wie durch unzählige Zeugnisse könnte erwiesen werden; aber wozu wäre es nöthig, dergleichen anzuführen, da viele dieser Schulen noch heutiges Tages bestehen.

In der bekannten Achner Regel für die Kanonicos findet sich folgende den Unterricht der Jugend, durch Geistliche selbst, betreffende Stelle: Quapropter in ejusmodi ( pueris & adolescentibus ) talis a prælatis constituendus est vitæ probabilis *frater*, qui curam eorum summa gerat industria oportet, ut probatissimo seniori pueri ad custodiendum licet, *ab alio* erudiantur, deputentur, frater vero, cui hæc cura ( nämlich cura erudiendi ) committitur, si eorum curam parvi penderit, & aliud, quam oportet, docuerit, ab officio amoveatur, & fratri alteri committatur.

Aus den Worten; oportet, ut probatissimo seniori &c. erscheinet deutlich, daß man schon damals Schulaufseher, das ist: solche Personen, und zwar aus dem geistlichen Stande, so gar Kanonicos bestellet habe, welche auf Lehrer und Schüler sorgfältig zu sehen verbunden wurden.

Diese Aufseher haben nach der Zeit den Namen Scholasticus, caput Scholæ, oder einen andern ähnlichen erhalten; diese Aufsicht erhob den, welcher sie führte, über andere Kanonicos; es ward eine Würde: dignitas, bei Kathedral- und Kollegiatstiftern; es wurden eigene Präbenden, sie zu besolden, gestiftet, welche noch heutiges Tages bestehen, obgleich seit Jahrhunderten kaum irgend einer der Scholasticorum sich um die Unterweisung der Jugend mehr bekümmert.

Daß aber die Geistlichen selbst mit der Unterweisung der Jugend sich beschäftiget haben, sehen wir nicht nur aus oben erwähnter Stelle der Achner Regel, sondern die Geschichte lehret uns auch, was in späteren Zeiten geschehen ist. Es wird der Mühe werth seyn hierüber ein paar Beispiele anzuführen.

In des Katona kritischen Geschichte des Königreichs Hungarn ist S. 420. folgendes zu lesen: Non sufficiente Canonico Csanadiensi nomine Waltero ad instruendum juvenes in cantu simul & in gramatica, Alba regali cum consensu S. Stephani regis fuisse evocatum quendam Henricum theutonicum, qui Albæ regali erat vicemagister in gramatica, Waltero Canonico juventutem deinceps in cantu tantummodo instruente.

Hier ist zu merken, daß man in den Zeiten, davon die Rede ist, unter der Gramatika auch die Kunst die Buchstaben zu erkennen, dieselben einzeln, wie auch in Sylben und Wörtern verbunden, recht auszusprechen, welcher Theil der Sprachlehre noch heutiges Tages Orthoepia die Rechtsprechung heißt, so wie auch das Lesen, verstanden habe.

In den kaiserlichen Staaten und zwar zu Karlsburg in dem Großfürstenthum Siebenbürgen ist noch ein Gymnasium, dessen Lehrer Kanonici sind; * in Tyrol und in den Niederlanden gibt es viele Weltpriester, welche die Landjugend in den öffentlichen Schulen, so wie es

---

* Sieh den 3ten Theil der Erdbeschreibung zum Gebrauche der studirenden Jugend in den k. k. Staaten. Seite 48.

es anderwärts die Schulmeister thun, unterweisen. \*
In den älteren Zeiten und noch im Anfange des vorigen Jahrhunderts, waren aber die niedrigsten Schulen von den lateinischen, oder Gymnasialklassen nicht getrennet, sondern damit verbunden.

Sie haben nun, wertheste Anwesende, überzeugende Beweise gehöret, daß die Geistlichen vor vielen Jahrhunderten in Schulen gelehret, und darüber Aufsicht getragen haben, aber auch die Ordensgeistlichen haben gethan, was Kaiser Karl zuerst angeordnet hat. Der berühmte Launoy hat darüber ein eigenes Buch unter dem Titel: de celebrioribus Germaniæ aliarumque nationum scholis geschrieben; man kann daraus vornämlich die Bemühungen des Benediktinerordens ersehen; denn es war in den Zeiten, von denen Launor redet, in den Abendländern kein anderer als der Benediktinerorden. Von späteren Zeiten bezeuget der in Deutschlands Geschichten so sehr erfahrne Conring. præter monachorum Scholas nulla cathedra fuit. \*\*

In dem fünften Bande des Magazins für Schulen S. 404 ist zu lesen, daß die Dominikaner und Franziskaner sich den Unterricht der Jugend besonders haben angelegen seyn lassen, und daß die alten Stadtschulen, davon man den Ursprung weiß, eben zu der Zeit

---

\* Das Viertel an der Etsch und um Eisack hat deren allein fünfzehn, und in den sogenannten wälschen Confinien hat man in gegenwärtigem Jahre dazu die Frühmeßner, das ist, Geistliche bestellet, welche nur angenommen sind an Sonn- und Feyertagen Frühmeßen für die welche der Pfarrmeße nicht beiwohnen können, zu lesen.

\*\* In antiquitatibus academicis. 1674. S. 64.

Zeit, oder kurz darauf entstanden sind, da einer oder der andere dieser Orden in einem Ort eingeführet wurde.

Ich muß nochmals auf die Schulen bei den Domstiftern zurückkommen, und zur Bestättigung dessen, was ich schon oben erwiesen habe, noch zwey sehr merkwürdige Dekrete der dritten und vierten allgemeinen lateranensischen Kirchenversammlungen anführen; das erste lautet also: Per unamquamque ecclesiam cathedralem magistro, qui clericos ejusdem ecclesiæ & *scholares pauperes* gratis *doceat*, competens aliquod beneficium adsignetur, quo docentis necessitas sublevetur, & discentibus via pateat ad doctrinam. In aliis quoque restituatur ecclesiis seu monasteriis, si retroactis temporibus aliquid in eis ad hoc fuerit, deputatum.

Das zweyte Dekret ist in folgenden Worten abgefasset:

Quia nonnullis propter inopiam & legendi studium opportunitas proficiendi subtrahitur in lateranensi concilio pia fuit institutione provisum, ut per unamquamque ecclesiam cathedralem magistro, qui clericos ejusdem ecclesiæ aliosque Scholares pauperes gratis instruet, aliquod competens beneficium præberetur, quod & docentis relevaretur necessitas, & via pateret discentibus ad doctrinam.

Man kann nicht zweifeln, daß hier von zweyerley Schulen die Rede sey, nämlich von Schulen für künftige Geistliche, und für arme Schüler, welchen man das Lesen, das ist den Hauptgegenstand der niedrigsten Schulen beizubringen beflissen seyn sollte. Die Worte, qui clericos — aliosque Scholares pauperes gratis instruet, und auch die Worte: quia nonnullis propter

pter inopiam & legendi studium opertunitas proficiendi subtrahitur; bezeugen, was ich angemerket habe. Kann man aber aus den angeführten Dekreten gleich nicht deutlich abnehmen, ob die zum Lehren zu bestellenden Personen just aus dem geistlichen Stande seyn sollen, wie sie es höchst wahrscheinlicher Weise gewesen sind, denn unter den Layen fand man damals taugliche Leute nicht: * so sieht man doch, daß die Kirche kein Bedenken trage, einen Theil der für Kirchendiener bestimmten Einkünfte zur Besoldung der Lehrer der Jugend anzuweisen.

Man darf sich hierüber gar nicht wundern, und etwa meinen, daß der zum Unterricht bestimmte Theil des Kirchenvermögens zweckwiedrig verwendet werde. Nach dem Ausspruche des Apostels sind ja die Gläubigen lebendige Tempel Gottes; und wie viel finden wir nicht in den Kirchengeschichten von den heiligsten Bischöfen Beispiele, daß sie die Schätze der Kirche Armen ausgetheilet, und sie davon unterhalten haben.

Soll es dann unrecht seyn, aus dem Vermögen der steinernen Tempel den lebendigen Tempeln Gottes, den Armen dem Geiste nach, das ist, den Unterrichtsbedürftigen zu Hilfe zu kommen? Kein Vernünftiger wird dieß für unrecht halten. Zu allen Zeiten hat die

---

* Non alibi fere nisi intra coenobiorum pomoeria, id tunc latebat, quod eruditionis superbiebat titulo sagt Pisansky in historia literaria Pontif. und eben dieß sagen unzählige andere.

die Kirche, oder daß ich mich bestimmter ausdrücke, die Vorsteher der Kirche haben die Unterweisung der Jugend in öffentlichen Schulen für nothwendig, ja höchst wichtig, und den Mangel dieses Unterrichts für höchst schädlich und für die Kirche gefährlich gehalten. Man höre hierüber die Worte der im Jahre 855. gehaltenen Kirchenversammlung zu Valentia. Can. 18. wo es heißt: Ut de scholis *tam divinæ*, *quam humanæ literaturæ*, nec non & ecclesiasticæ cantilenæ juxta exemplar prædecessorum aliquid inter nos tractetur, & si potest fieri, statuatur atque ordinetur, quia ex hujus studii longa intermissione, pleraque ecclesiarum Dei loca ignorantia fidei & totius scientiæ inopia invasit.

Eben dieß sagt die Mainzer Kirchenversammlung vom Jahre 1549.: Prudentes facile perspiciunt, boni ac pii jam diu queruntur *interitum studiorum*, quæ in hac misera perturbatione rerum saltem in locis catholicis in universum perierunt, imprimis sacrosanctæ Religionis ac totius reipublicæ christianæ ruinam secuturam esse.

Dem die Augen hiedurch noch nicht geöffnet werden, der lasse sich die Erfahrung belehren. Was hat anders so viele tausende, welche sich im 16. Jahrhunderte von der katholischen Kirche unseliger Weise getrennet haben, bei ihren Irrlehren erhalten, und die Bemühungen derjenigen vereitelt, welche sie mit der Kirche wieder vereinigen wollten, als die Sorgfalt, welche die Abtrünnigen auf die Schulen und die Unterweisung der Jugend verwendeten.

Der

Der Erfolg dieſer Sorgfalt bewog die deutſchen ſowohl, als die hungariſchen Biſchöfe eben dieſes Mittel zur Erhaltung der katholiſchen Religion zu brauchen; und in der That hat man ſeit dieſer Zeit, nämlich um und nach der letzten Hälfte des 16ten und im Anfange des 17ten Jahrhunderts ſich auch unter den Katholiken eifrigſt bemühet, Schulen zu errichten, wieder herzuſtellen, und auf die Unterweiſung der Jugend aufmerkſamer zu ſeyn: weit entfernt zu beſorgen, daß die Aufklärung der Landjugend der Ketzereyen halber gefährlich, dem Staate, oder dem Grundherrn nachtheilig werden könnte, machte man auf den verſchiedenen zu dieſer Zeit gehaltenen Kirchenverſammlungen zum Beßten der Unterweiſung der Landjugend die heilſamſten Verordnungen, und dieſe wurden, wie wir bald ſehen werden, beſonders in den Niederlanden von der Obrigkeit nachdrücklich unterſtützet. * Es iſt der Mühe werth Ihnen dieſe Verordnungen bekannt zu machen, weil

B 4 Sie

---

* Die Urkunde, gegeben zu Brüſſel den 1ten Juni 1587. dadurch der ſpaniſche König Philipp II. die Vollſtreckung der Dekrete der Kammericher Kirchenverſammlung befiehlt, iſt zu merkwürdig, als daß man unterlaſſen könnte, ſie hier anzuführen: Et pour ce, qu'en ce tems préſent il eſt plus nécéſſaire de faire par tout dréſſer des ecoles pour l'inſtruction de la pauvre jeuneſſe, nous en chargeons bien expréſſement a tous officiers, magiſtrats & gens de loix des villes & plat pays réſpéctivement d'aſſiſter les évéques ou leur deputés tant a l'érection d'icelles

éco-

Sie alsdann deutlich einsehen werden, daß fast alles, was man in den kaiserlichen Staaten für die niedrigsten Schulen vorgeschrieben hat, den Verordnungen dieser Kirchenversammlungen gemäß, und folglich für Geistliche desto annehmlicher sey.

Diese Verordnungen betreffen siebnerlei verschiedene Gegenstände, nämlich:

1. Gesetze wegen Anlegung, Erbauung, Wiederherstellung und Erhaltung der Schulen.
2. Gesetze, die bestimmen, welche Personen die Schulen besuchen sollen.
3. Verordnungen, welche die Schulmeister selbst betreffen.
4. Wie Schulmeister lehren sollen.
5. Gesetze über das, was in Schulen zu lehren ist.
6. Verordnungen, dadurch den Pfarrern die Aufsicht über die Schulen zur Pflicht gemacht wird.
7. Verordnungen, dadurch die Schulen zu untersuchen auch noch anderen aufgetragen wird.

We-

écoles — & a ce, que les dites écoles soient bien frequentées — auront à faire contraindre les enfants, serviteurs & servantes d'aller aux dites écoles en punissant les parents, maîtres ou maitresses, qui ne feront devoir d'y envoyer leurs dites enfans, serviteurs, & servantes ayant besoin de l'instruction. Diese Urkunde ist in der Sammlung der Concilien, deren wir uns bedienen, den Actis Concilii beigedruckt.

## Wegen Anlegung, Wiederherstellung, Erbauung und Erhaltung der Schulen

finden wir folgendes durch Kirchenversammlungen des 16ten und auch 17ten Jahrhunderts verordnet:

a. In allen Pfarretheyen, besonders an volkreichen Orten sollen Lehrer, und zwar zu Ertheilung des ersten Unterrichts für die Jugend vorhanden seyn: Præcipimus, ut in *qualibet* parochia nostræ diœcesis ludi literarii moderatores habeantur'. Synod. Tyrnav. Statuimus itaque, ut in singulis, omnibusque nostræ provinciæ civitatibus, oppidis & castellis juxta cujusque loci necessitatem Scholæ publicæ, seu ludi literarii habeantur. Synod. Salisburgensis de ao 1568. constituit 59. c. 1. In omnibus parochiis sint, qui doceant primam juventutem. Conc. Camerac. III. c. 2.

b. Der öffentliche Unterricht ist dem häuslichen oder dem besonderen vorzuziehen, censentes publicas (scholas) magis habendas, atque fovendas, in quibus unacum bonis moribus bonæ doceantur literæ. Licet enim inter parietes adolescentes possint educari & erudiri, consultius tamen fuerit, id in publico fieri, ut qui olim publicis præficiendi sunt functionibus, ii quoque in publico discant. Synod. Salisburgensis Constitut. 59.

c. Die Domherrn- und andere geiſtliche Stifter ſollen beſonders die Erbauung und Wiederherſtellung der Schulen beſorgen: Concilii quoque lateranenſis decretum amplexi præcipimus, ut quæcumque, aut qualiacumque canonicorum collegia ſcholas erigant, aut reſtituant. Conc. Auguſtan.

d. Die nachläſſigen Stifter und Klöſter ſollen dazu durch Strafen und andere Zwangsmittel angehalten werden. Mandamus noſtræ metropoliticæ, cæterisque cathedralium & collegiatarum eccleſiis, & monaſteriorum præpoſitis, Abbatibus, Decanis, atque Capitulis, ut qui penes ſuas eccleſias & monaſteria ſcholas habent, easdem ſuſtentare non deſiſtant, ſed omni diligentia conſervent, & augeant: non habentes autem ſub pœna diminutionis fructuum & proventuum pro arbitrio ordinariorum taxandæ, in ſpatio ſex menſium ſcholas pro loci commoditate, atque neceſſitate inſtituant. Synod. Salisb. c. 2.

Verum enim vero, cum omnis mercenarius ſua mercede dignus ſit, prælatis ac cæteris Magiſtratibus omnino curandum eſt, ut ludimagiſtris digna decernantur, & honeſta ſtipendia, ut egenos gratis nulloque penitus accepto pretio inſtituere poſſint. Quocirca Innocentii tertii decreta ac reliqua in concilio lateranenſi promulgata hac de re edita prorſus obſervari volumus. Siquidem vero monaſteriorum, vel aliarum eccleſiarum

rum prælati, five capitula in hifce curandis fuerint negligentes, in eo ordinarii dignis pœnis, vel tempeftive animadvertant. Synod. Salisburg. c. 9.

c. Wo Stifter nicht vorhanden sind, sollen Obrigkeiten und Gemeinden für Anlegung der Schulen und deren Unterhalt sorgen. Curandum itaque, ut fingula collegia ludos literarios diligenter inftituant, eisque de idoneis ludimagiftris ac fumptibus profpiciant, ubi collegia non funt, fenatus & refpublica provideat. Conc. Colon. I. §. 4. Magiftros idoneos honefto ftipendio adfcifcant, & puerorum ingenia ad reipublicæ chriftianæ ufum pie informari curent. Synod. Salisb. c. 2. Quo vero ftudiofa juventus, & bona ingenia, quorum virtutibus obftat res angufta domi, paupertas fcilicet, alantur, emergant, atque ad bonam frugem perveniant: nos quidem animati fumus in hunc tam pium ac neceffarium ufum fubfidia quædam præbere, haud ambigentes, quin etiam nobis fenatus noftri Capituli, prælati, atque hujus noftræ civitatis Salisburgenfis Decurionatus auxiliares fint adhibituri manus, ut exemplo noftro cæteri quoque Coëpifcopi, Prælati, civitates & idem faciant, & hac quoque in parte laboranti reipublicæ fuccurrant. Quod ut omnino agant ferio hortamur, atque præcipimus. Synod. Salisburg. c. 3.

f. Der eifrige Erzbischof von Gran Ohlaus verordnet auf dem zu Tyrnau im Jahr 1560 gehaltenen Synodo

Synodo: Der Unterhalt soll von der Gemeinde und den Pfarrkindern, ja von dem Vermögen der Kirche so, wie es geschehen kann, genommen werden: Præcipimus, ut in qualibet parochia nostræ diœcesis, ubi communitas vel parochiani ipsi id sustinere sua, vel vicinarum ecclesiarum pecunia & sumptibus possint, catholici ludi literarii moderatores habeantur. *

g. An Sonntägen soll für die Armen und jene, welche in Wochentagen die Schulen nicht besuchen können, Schule gehalten werden: Quia vero Scholæ quotidianæ christianæ juventutis institutioni non sufficiunt, cum maxima pars puerorum diebus ferialibus opificium aliquod exerceat, neque ob parentum inopiam scholas

---

* Diese Anordnung des Tyrnauer Synodus haben sich jene Geistlichen anderer Diocösen wohl zu merken, die es ziemlich laut als unrecht ausschreyen, wenn in dem Nothfalle, vom Kirchenvermögen zur Erhaltung der Schulen etwas herzugeben verlanget wird. Es gibt leider noch manche Geistliche, welche lieber die lebendigen Tempel Gottes an nöthigen Kenntnissen wüste und öde lassen, als zugeben wollen, daß bei ermangelnden andern Mitteln etwas aus dem Kirchenvermögen auf Schulen verwendet werde, da sie doch auf Fahnen, Bilder, und andern gar nicht nothwendigen Kirchenputz ohne Bedenken vieles zum Uiberfluß verwenden.

las frequentare poſſunt — erigántur tam in omnibus urbibus quam pagis celebrioribus Scholæ dominicales. Conc. Camerac. II. c. 3. Camerac. III. c. 2. idem.

h. In den Sonntagsſchulen iſt nebſt dem Chriſtenthume das Leſen und Schreiben zu lehren: Scholas dominicales frequentantes non tantum doceantur legere & ſcribere, verum etiam, & quidem præcipue inſtituantur in rudimentis fidei. Conc. Mechlin. c. 5.

i. Die Schulen ſollen durch Tänze oder ſonſt etwas nicht geſtöhret werden. Eo tempore, quo juventus in ſcholis (dominicalibus) inſtruitur a tripudiis & aliis inſolentiis, quibus juvenes ſcholis avocantur, omnino abſtineatur. Conc. Mechlin.

k. Winkelſchulen ſollen nicht geſtattet werden, weil mehrentheils in denſelben der Jugend verderbliche und irrige Lehren beigebracht werden. Reperiuntur enim alicubi clancularia Scholæ, in quibus aliqui, ſed non optimi plebis, liberos ſuos malunt inſtitui, ut juxta humaniorum literarum principia etiam recentioris doctrinæ venena imbibant, quibus ita a teneris imbuti tanquam in herba inficiuntur & enecantur, ut ad nullius frugem veræ eccleſiæ pervenire queant: quæ ſcholæ penitus extirpandæ & nullo in loco chriſtiani nominis tolerandæ ſunt. Synod. Salisb. citat.

Wegen denen, welche in die Schule gehen sollen, ist folgendes verordnet:

a. Kinder des zartesten Alters sollen die Schule besuchen: In omnibus parochiis sint, qui doceant *primam* juventutem. conc. Cam. III. c. 5.

b. Dienende Kinder beiderlei Geschlechts in die Schule zu bringen, sollen die Aeltern und Wirthe, wenn es nöthig ist, ja auch die Armen sollen durch Entziehung des Almosens gezwungen werden. Parentes & heros non mittentes pueros suos ac ministros propositis pœnis coerceant. Pauperes per subtractionem elemosinarum mensæ pauperum ad scholas dominicales compellantur. Conc. Mechlin c. 2.

c. Die Knaben sind von den Mägdlein abzusondern: ut etiam in scholis theutonicæ linguæ ordo, atque decorum servetur, jubemus, ut earum moderatores puellas seorsim a pueris masculis instituant, neque confuse mixtos, ut pecora quædam teneant, seduloque curent, ne quid commercii cum puellis sit. Synod. Salisb.

d. Jede Gattung, Knaben und Mägdlein sind von Lehrmeistern ihres Geschlechts zu unterweisen, wenigstens sollen sie, wenn sie in einer Schule Unterricht erhalten, abgesondert sitzen. Optat hæc Synodus, ut tam in dominicalibus, ac aliis

aliis quibuscumque scholis & puellæ a mulieribus tantum instruantur, ubi tamen id obtineri non poterit, saltem locis & interstitiis masculi a puellis dividantur. conc. Mechl. C. 3.

e. Die Schüler sind in Klassen abzutheilen: Didascali pueros in classes digerant. Couc. Colon. I. c. 2.

f. Bei dem Abtheilen in Klassen ist sowohl auf das Alter, als auf die Fähigkeiten zu sehen: Eaque juventus in classes, si ætatis, & ingeniorum ratio id postulare videtur, dividatur. Conc. August.

g. Die nicht erscheinenden Kinder sollen zur Schule gezwungen werden: Pueros autem magistratus, ballivi, majores, seu alii locorum præfecti, tum ad dictas scholas, tum ad dictam parochi lectionem compellent, parentes etiam & heros non mittentes pueros suos ac ministros propositis pœnis coerceant, & rebelles etiam suis urbibus aut pagis ejiciant. Conc. Camerac. II. cap. 4.

## Wegen der Schulmeister ist verordnet

a. Sittsame, ehrbare Leute katholischer Religion sollen zu Schulmeistern bestellet werden; Leute, die im Stande sind zur Frömmigkeit, in den Anfangsgründen nützlicher Kenntnisse zu unterrichten:

ten : Catholici, modefti, & honefti ludi literarii moderatores conftituantur, qui cum fancta romana & noftra Strigonienfi ecclefia in rebus atque dogmatibus fidei doctrinaque ecclefiæ confentiant. Synod. Tyrnav. Præficiantur magiftri, & pædagogi incorruptæ vitæ, a quibus tam pietatis chriftianæ prima principia, quam rudimenta literarum juventus hauriat. Conc. Auguft.

b. Nur solche Personen sind zu Schulmeistern anzunehmen, die bei angestellter Untersuchung über ihren Glaubens- und Lebenswandel sind untadelhaft befunden worden. Diese Untersuchung wird für einen Theil der bischöflichen Sorgfalt erkläret. Die Vorsteher der Kirchen und auf dem Lande, die Dechante sollen die Untersuchung anstellen: Statuimus & ordinavimus neminem præceptioni trivialium admittendum effe, nifi qui fit de fide item & moribus probe examinatus, pertinebit autem examen præcipue ad ordinarium, qui ordinet per diœcefim viros idoneos, quibus hoc negotium committat. Nec abs re fuerit, fi examinentur quoque in civitatibus a prælatis . & rectoribus ecclefiarum, qui fcholæ præfunt, ruri autem a paftoribus & decanis ruralibus idoneis, & eruditis. Concil. Mogunt.

c. Die, welche Schulmeister anzunehmen haben, sollen die Personen, welche sie annehmen wollen, dieser Untersuchung nicht entziehen : Præcipimus magiftratibus — qui fcholas fuis impenfis

fis erexerunt, ne propterea examen hujusmodi impediant, alioquin censura ecclesiastica coercendi. Conc. Colon. II.

d. Nicht nur die Schulmeister, sondern sogar die Gehilfen, öffentliche und Privatlehrer aller Art, und jeden Geschlechtes, sollen dem bischöflichen Generalvikario vorgestellet, von ihm geprüfet und zum Lehren nicht eher zugelassen werden: Cum autem in delectu ludimoderatorum, magistrorum, Praeceptorum, atque Paedagogorum haud vulgaris adhibenda sit diligentia, nos superioris Synodi Salisburgensis revocantes constitutionem, ordinamus & statuimus, ne a quoquam, cujuscunque sit status, dignitatis, gradus vel conditionis quispiam scholae rector, praeceptor, magister, didascalus, vel collaborator sive publicus, sive privatus, qui discentes cujuscumque sexus, vel aetatis, etiamsi unus tantum fuerit, in scholis vel domi, aut alibi publice, vel privatim, quascumque lectiones triviales, cujuscumque artis, vel linguae etiam germanicae, tametsi gratuito legeret, interpretaretur, aut repeteret, constituatur, nisi prius suo ordinario, vel ejus officiali, Vicario generali, aut Commissario ad hoc deputato fuerit praesentatus, ut de cujusque religione, fide, moribus, vita, conversatione atque eruditione periculo facto pueri sub illorum ferula eo securius & utilius militare possint. Synod. Salisb. c. 4.

e. Die

e. Die Unterſuchung ſowohl über die Wiſſenſchaft, als die Sitten und die Rechtgläubigkeit der Kandidaten zu Schuldienſten behält das Maynzer Conzilium dem erzbiſchöflichen Vikarius und deſſen Kommiſſarien vor, auch über das, was der Schulmeiſter die Jugend lehren, und was er zur Bildung ihrer Sitten vortragen will, iſt die Unterſuchung anzuſtellen. Es iſt verordnet ihnen darüber ein ſchriftliches Zeugniß zu geben, und ohne ſolches keinen zum Antritt des Amtes zu laſſen: Proinde ſerio injungimus, ut in poſterum ſcholis ſibi commiſſis didaſcalos præfecturi eosdem ad vicarios noſtros in ſpiritualibus ſeu locorum Commiſſarios ablegent, qui eruditionem, mores, & fidei ſinceritatem in eis accurato examine explorent, eosque, quid in ſcholis tam ad eruditionem, quam ad mores juventutis excolendos conducibile potiſſimum prælegant, pro cujusque loci ratione admoneant, ſine quorum teſtimonio, quod ſcripto his, quos dignos judicaverint, exhibeant, ne quemquam ſcholæ præficiant. Conc. Mogunt. an. 1549.

f. Schulmeiſter ſollen alle Jahre das Glaubensbekenntniß ablegen: Sancta Synodus hortatur magiſtratus, & alios, quorum intereſt, ut in ſingulos annos, fidei ex formula concilii tridentini profeſſionem, obedientiam ſanctæ ſedi apoſtolicæ cum abnegatione hæreſium a Ludimagiſtris recipiant. Conc. Camerac. III. Antequam

quam (Ludimagiſtri) admittantur, ad docendum, fidei profeſſionem edant. Syn. Tyrnav. Qui Pædotribæ etiam neque ab ordinariis admittantur, niſi primo catholicæ fidei fecerint profeſſionem, ſuperius in titulo de tridentini aliorumque conciliorum conſtitutionibus inſertam, atque deſcriptam. Synod. Salisb.

g. Winkelſchulmeiſter ſind nicht zu dulden. Clancularii miniſtelli, qui in conventiunculis vicatim docent, prohibeantur. Conc. Colon. I.

### Wie die Schulmeiſter lehren ſollen.

a. Die Salzburger Synode im Abſchnitte de methodo docendi verweiſet die Schulmeiſter auf das Leſen guter Schriften, um daraus die Art wohl zu lehren, insbeſondere zu lernen. Id, quod ipſi ex politiorum authorum lectione potius quam noſtra inſtructione petent.

Indeſſen wird ihnen überhaupt eingeſchärfet, ſo eine Lehrart zu brauchen, welche ihnen rühmlich, und der Jugend nützlich iſt. Præceptores atque informatores omnes exhortatos cupimus, ut eum modum, ſeu methodum in erudiendo, quæ ſibi ipſis laudi, diſcipulis vero, ſeu ſcholaſticis ſuis commodo futura ſit, obſervent. Synod. Salisb

b. Die Schulmeister werden erinnert, sich nach der Fähigkeit ihrer Schüler zu richten, dieselben aufmerksam, lehrbegierig und lernlustig zu machen: hoc interim animadvertant, ut ad ingeniorum diverfitatem fe accommodent, quod enim in omni genere caufarum - id quoque in hoc didafcalis necefle eft, benevolum, attentum atque docilem faciant auditorem. Synod. Salisb. c. 8.

c. Sie werden erinnert fähige Köpfe durch Belobungen, weniger fähige aber durch Vorhalten der Beispiele der Befferen anzutreiben, sich bei Strafen sanftmüthig zu bezeigen, von Zorn, Grimm, Schreyen, Lärmen, und Schimpfwörtern sich zu enthalten, nicht faul und träge, weder rückhaltend, sondern fleißig und treu im Lehren zu seyn: Benevolos autem facient, fi eos pueros, qui & morum & literarum doctrinam prompto, atque facili accipiunt ingenio, laudis & gloriæ triumpho vehant, quo liberalia ingenia, feu calcari excitantur, ac fubinde promptiores efficiuntur: duriores vero ac tardiores, diligentiorum juvenum exemplis fi ftimularint, & juxta ferulam etiam cum manfuetudine tractaverint. Nihil enim fœdius eft præceptore furiofo, ut teftatur fanctus, & æque doctus vir Hieronymus, qui cum debeat efle manfuetus & humilis ad omnes, ex diverfo torvo vultu, trementibus labiis, rugata fronte, effrenatis convitiis facie inter pallorem & ruborem va-

ria-

riata, clamore perstrepidat, & errantes non tam a bono retrahit, quam ad malum sua severitate præcipitat. Synod. Salisb.

d. Der Fleiß der Schulleute soll nicht allein darin bestehen, daß sie unterrichten, sondern sie sollen auch bemühet seyn, daß die Schüler vom Unterrichte Nutzen haben, und das Erlernte wohl behalten; deßhalb sollen sie fleißig nachforschen, und die Schüler über das Vorgetragene befragen: Præterea ludimoderatores solicite, atque adeo assidui sint, cum prælegendorum etiam studiosorum profectum sollicitando; eosque in moribus & bona disciplina, potissimum vero in fide catholica frequenter instituendo, examinando, ac retinendo. Synod. Salisb.

e. Aus folgender Stelle ist zu schliessen, daß auch Bischöfe es nicht unter ihrer Würde gehalten, selbst über die Lehrart Vorschriften zu ertheilen; ob uns gleich diese Vorschriften entweder nicht bekannt, oder wie es anfänglich der Vorsatz war, nicht sind ertheilet worden. Im Tyrnauer Synodo heißt es: caute autem parochi & omnibus modis curare debent, ne alia via aut ratione — a quoquam ludimagistro scholæ pueri instituantur. Synod. Tyrn. Die zweyte Köllner Kirchenversammlung sagt: ea de causa trivis modum esse dandum censuimus.

f. Es

f. Es wird für nothwendig geachtet, den niedrigsten Schulen die Art vorzuschreiben, wie zu lehren sey: Quæ prælegent, pro ratione cujusque ecclesiæ trademus. Colon. I. c. 2.

## Was in Schulen zu lehren ist.

a. In den Schulen ist zu lehren, was dem Alter und der Fähigkeit der Schüler angemessen ist: Prælegant, quæ puerorum ætati conveniunt. Conc. Treuir. Hoc tantum prælegant, doceantque, quod illius ætatis innocentiæ convenit, & ingeniorum capacitas fert. Synod. Salisb. c. VI.

b. In Schulen muß man nicht allein lehren, was zur Religion gehöret, sondern auch andere nützliche Dinge: Quamobrem summopere refert, ut pueritia — *in timore domini ac bonis disciplinis* erudiatur. Conc. Colon. I. His præficiantur pædagogi, a quibus tum pietatis christianæ prima principia, *quam rudimenta literarum juventus hauriat.* conc. Aug.

c. Die Schüler sind auch zur Sittsamkeit anzuführen, und so zu leiten, daß sie nicht allein gute Christen, sondern auch gute Bürger, gehorsame und getreue Unterthanen, mit einem Worte, rechtschaffene Leute werden: qua ex re (recta videlicet puerorum institutione) fiet procul dubio, ut non modo docti sed morigeri quoque ac Deo ecclesiæque prælatis, dominis, parentibus & præceptoribus ſuis obedientes atque fideles evadant. Synod. Tyrnav. In quibus una cum bonis moribus bonæ doceantur literæ. In cæteris omnibus — juventutem inſtituant. Synod. Salisb. c. 11.

**d.** Die Schulmeiſter ſollen diejenigen, welche daʒu geſchickt ſind, den Kirchengeſang, und das Schreiben lehren: Cantum quoque ſciant eccleſiaſticum ad miniſterium eccleſiæ neceſſarium, atque artem ſcribendi teneant, ut bonis diſciplinis eos, qui apti ad, hujusmodi ſtudia fuerint, inſtituere poſſint. Synod. Tyrnav.

**e.** In den Schulen ſollen die von dem Landesherrn vorgeſchriebenen Bücher, aber keine, als die, welche von den Biſchöfen gebilliget ſind, gebrauchet werden: Scholarum magiſtri libros, authoresque legant, diſcipulis ex præſcripto edicti Caroli V. Cæſaris piæ memoriæ. Camerac. III. c. 3.

### Verordnungen, dadurch den Pfarrern die Aufſicht über die Schulen ʒur Pflicht gemacht wird.

**a.** Die Pfarrer ſind die geiſtlichen Väter der Jugend ihres Kirchſprengels, deßhalb liegt ihnen auch die Unterweiſung der Jugend ob: Cum non minore cura parentes proles ſuas inſtituere, quam nutrire ac fovere debeant, æquum eſt ecclesiam liberos, quos Christo per lavacrum regenerationis peperit, *omni* disciplina ac salutaribus præceptis erudire. Conc. Trev.

b. Als Vorsteher der Kirchen sind die Pfarrer auch Vorsteher der Schulen: Examinentur — a prælatis, & *rectoribus ecclesiarum, qui scholæ præsunt.*

c. Die Pfarrer sollen die Aufsicht über die Schulen sehr fleissig führen, weil die Unterweisung der Jugend von grosser Wichtigkeit ist: Parochi diligenter incumbant teneræ ætatis instructioni — tenerioris ætatis instructio majoris est momenti, quam forte videri possit. Synod. Tyrnav.

d. Dem Pfarrer liegt es ob, sowohl auf das, was zur Unterweisung in nützlichen Kenntnissen gehöret, als auf den Unterricht in der Religion Obsorge zu tragen: In quibus curent parochiales sacerdotes, ut diligenter circumspiciant, ne quid in iis ( scholis. ) quæ ad eruditionem, aut ad pietatem, & cultum dei attinent, negligatur. Conc. Trev.

e. Pfarrer sollen die Schulen monatlich einmal visitiren: Pastores singulis mensibus diligenter inquirant, quantum proficiat pueritia. Conc. Camerac. III. c. 5.

f. Wenn sie Mängel entdecken, sind sie schuldig solche den Bischöfen anzuzeigen: Si in præmissis de-

defectus aut negligentia fuboriatur, ordinariis locorum denuntiant.

## Verordnungen, dadurch die Schulen auch noch durch andere zu untersuchen befohlen wird.

a. Die Prælati Scholaſtici ſollten wenigſtens alle halbe Jahre die Schulen, welche den Kapiteln unterworfen ſind, unterſuchen, und die Obern ſollen für die Schulen bei ihren Klöſtern Sorge tragen: Erzprieſter aber und dazu vom Biſchof beſtellte, haben ein gleiches mit den übrigen Schulen zu thun: Scholæ ſcholaſticis capitulorum ſubjectæ ab iisdem ſcholaſticis, cæteræ omnes ab archipresbyteris, vel aliis ad id ab ordinario deputatis, ſingulis ſaltem ſemeſtribus viſitentur. Conc. Mechl.

Cujus rei rationem habebunt in civitatibus quidem cathedralibus ſummi ſcholaſtici, in aliis vero Archidiaconi & rurales Decani, exceptis ſcholis, quæ ſingulis monaſteriis, ſive Prælatis ſubditæ ſunt, quarum curam gerent accuratam ipſi prælati. Synod. Saliſburg. c. 6.

b. Die Archidiakonen ſollen bei den Viſitationen den Zuſtand der Schulen unterſuchen, das zu verbeſſern Nöthige bemerken, ſie ſollen die Pfarrer in dem Nöthigen unterweiſen, und zur Sorgfalt für die Verbeſſerung anfeuern.

Quia

Quia vero tenerioris ætatis inſtructio majoris eſt momenti, quam forte videri poſſit, Archidiaconus tempore viſitationis diligentiſſime inveſtigare debet, & ſi quid negligentius animadvertet ipſemet ( inchoato per ſe hoc bono opere ) parochos ad id faciendum inſtruet, inflammabitque. Synod. Tyrnav.

Ut autem ea omnia, quæ ſupra recenſuimus, rite ordinique, ſuccedant, & absque fraude peragantur, ſancimus, ut cum in qualibet diœceſi viſitationes celebrantur ordinariæ, ipſi ludimoderatores cujuslibet loci viſitandi, ſe viſitatorum examini præſentent, ut de ſua conditione ac profeſſione rationem reddant, & de interrogatis reſpondeant. Syn. Salisb. c. 12.

c. Die Erzprieſter aber und Landdechante, oder die ſonſt von den Ordinarien dazu beſtimmet werden, ſollen die Stadt- und Landſchulen, und zwar halbjährig, oder wenigſtens einmal im Jahr unterſuchen. Decani autem rurales ſingulis ſemeſtribus aut ſaltem annis ſcholas minores referant. Conc. Camer. III. c. 6.

d. Sie ſollen dabei auch nach dem Zeugniſſe der Schulmeiſter fragen: Viſitatores de facto examine inquirant. Conc. Colon. II.

e. Sie

e: Sie sollen von der Art der Unterweisung an den Ordinarium Bericht erstatten: Referant diligenter ordinario, quæ sit ratio instituendæ juventutis, quam quisque præceptorum teneat. Conc. Camerac. III. c. 6.

Hier wird vielleicht manchem meiner Zuhörer einfallen, daß es überflüssig sey, noch weltliche Aufseher zu bestellen, dergleichen, wie sie heutiges Tages bestellet sind, nirgends in den angeführten Verordnungen zu finden sind. Sie werden wohl etwa glauben, die Landesregierungen hätten nicht nöthig sich der Schulen anzunehmen, und deßhalb Anordnungen zu machen, die Einsicht ihres Zustandes zu verlangen, weil man nicht sieht, daß dieß in den vorigen Jahrhunderten geschehen sey. Allein untersuchen Sie nur, ob alle diese herrlichen Verordnungen der deutschen und hungarischen Synoden von der Geistlichkeit, und wie sie sind vollstrecket, und bis auf unsere Zeiten erhalten worden? nennen Sie, wenn Sie können, die Länder, die Orte, wo dieß geschehen ist; vermögen Sie dieß nicht zu thun, so müssen Sie einräumen: es haben Landesherrn, und deren Regierungen allerdings Ursache gehabt, zu verordnen, wie es geschehen ist. Sie müssen gestehen, daß diese neueren Verordnungen der Landesherren durch die Nachläßigkeit der Geistlichen, in Befolgung der angeführten Kirchengesetze sind nothwendig geworden.

Die Sorgfalt der Regenten in diesem Stüke ist keine Neuerung. Es war ja Karl der Grosse derjenige, welcher bei Bißthümern und Klöstern Schulen anordnete, und vorschrieb, was daselbst sollte gelehret

ret werden. Es war Kaiser Karl der fünfte, welcher die Bücher bestimmte, deren man sich beim Unterrichte der Jugend bedienen sollte, wie es das S. 29. angeführte dritte Concilium von Kammerich bezeuget. Es war Philipp der Zweyte, König von Spanien, der seine Unterthanen in den Niederlanden befahl zu zwingen, nicht nur ihre Kinder, sondern auch ihre jungen Dienstbothen beiderlei Geschlechts, die des Unterrichts bedurften, in die Schule zu schicken. Es war der römische König Ferdinand, der durch seinen Hoftheologen Kanisius den Katechismus für seine Staaten verfassen ließ, nachdem so ein Lehrbuch über die Religion für seine Unterthanen von den zu Trient versammelten Vätern lange Zeit, aber vergeblich war begehret worden.

Geistliche, denen die Erfüllung ihrer schweren Pflichten, besonders des Lehramts am Herzen liegt, sollten wohl froh seyn, daß Regenten die Unterweisung der Jugend, und besonders die Sorgfalt für öffentliche Schulen, als eine Angelegenheit des Staats behandeln; was würden wohl eifrige Geistliche ohne Unterstützung des Landesherrn, und dessen Regierung heut zu Tage auszurichten vermögen? ihre Bemühungen würden höchstens nur so lange nutzen, als sie selbst im Orte sich befinden, und so lange als ihr Eifer anhält. Einzelne Geistliche würden weder die Kosten erschwingen, noch auch Widerspenstige bereden für Arme Schulen zu erbauen, zu unterhalten, sie zu besuchen, bessere Bücher einzuführen, zu brauchen; und sie unentgeltlich in grosser Menge zu vertheilen, u. s. w.

Wächst aber gleich Geistlichen bei Besorgung der Schulen einige Mühe zu, die sie sich in den letzteren Zeiten nicht mehr gaben, so ist es doch ihre Pflicht, sich solche zu geben, es ist, wie ich bewiesen habe, eine von Kirchenversammlungen, von den einsichtigsten Bischöfen anerkannte Schuldigkeit dieß zu thun, was unsere Schulordnung festgesetzet. Die Aufsicht über die Schulen erleichtert, wie ich schon vorher in dieser Rede gezeiget habe, ihre Arbeit, welche sie bei dem Unterrichte in der Religion auf ihre Schäflein zu wenden verbunden sind.

Und endlich ist die Aufsicht, welche nun verlanget wird, bei weitem so mühsam, so viel Zeit erfoderend nicht, als die Unterweisung, welche doch in älteren Zeiten die Seelsorger selbst auf sich hatten.

Nun haben sie hierin Stellvertreter an ihren Schulmeistern; heutiges Tages wird von den meisten Geistlichen nur gefodert, Achtung zu geben, daß die Schulmeister ihre Stelle bei dem Unterrichte der Jugend wohl vertreten.

Vergessen Sie niemals die Schulmeister vorangezeigtermassen als Ihre Stellvertreter zu betrachten; sehen Sie also solche nicht für Pfarrknechte, oder für Ihre Bediente an, wie es wohl von manchen geschieht, bürden Sie ihnen keine Geschäfte auf, welche sie am Unterrichten hindern. Dieß hieße den Vorwurf unserer Feinde rechtfertigen, die immer vorgeben, daß Geistliche aus allen Kräften beitragen, das Volk in der Dummheit zu erhalten.

Es ist sonderbar, daß nicht wenige Seelsorger, sogar jene, die Schulmeister zu ihren Diensten eben nicht mißbrauchen, dennoch dieser ihrer Stellvertreter sich selbst berauben. Dieß geschieht, wenn sie dieselben blos als Kirchendiener, als Meßner, als Kohr, und nicht als Schulrektoren betrachten, oder doch zugeben, daß diese Leute, um sich der Schule zu entziehen, sich für bloße Meßner oder Kohrrektoren ausgeben. Meßner sind Kirchendiener, wie jeder einräumt, niemals dienen sie der Kirche eigentlicher, als wenn sie der lebendigen, der heranwachsenden Kirche, der Jugend mit Unterrichtertheilen dienen.

Kein Kanon ist bekannt, der verordnete, daß in jeder Pfarrethey ein Meßner, wohl aber, daß in jeder ein Schulmeister seyn solle, an einigen wenigen Orten findet man dergleichen neben dem Schulmeister, an den allermehrsten Orten aber bedienen die Schulmeister auch zugleich die Kirche, daraus ist zu schliessen, daß der Kirchen-oder Meßmerdienst, wenn zum letzteren kein eigener Mann bestellet ist, dem Schulamte anklebe. Haben Meßner bisher an manchen Orten, wo sonst kein Schulmeister ist, die Jugend nicht unterwiesen, und sind sie dazu nicht verhalten worden, so ist dieß ein Mißbrauch, der billig abgestellet werden muß.

Auch das Kohr, was die sogenannten Rektoren seit Jahrhunderten zu regieren hatten, ist kein anderes, als das Kohr der Schüler, welche sie zum Kirchengesange sonst nicht nur abrichteten, sondern dazu wirklich brauchten, ehe man in den letzten Zeiten anfieng durch Figuralmusik den weit zweckmäßigeren Kirchengesang des Volks zu verdrängen.

Alles

Alles, was ich Ihnen in gegenwärtiger Rede vorgestellet, und unwidersprechlich so wohl durch Gründe und Zeugnisse, als auch aus den Anordnungen allgemeiner und besonderer Kirchenversammlungen erwiesen habe, alles dieses sollte Sie von Rechtswegen ermuntern mit gedoppelter Aufmerksamkeit sich recht wohl bekannt zu machen, was ich Ihnen theils selbst vortragen, theils vortragen lassen werde.

Ich will aber Ihre Unterweisung nach eben der Ordnung einrichten, nach welcher ich Ihnen hier die Verfügungen von den Kirchenversammlungen bekannt gemacht habe.

Was die Schulordnung wegen Anlegung, Wiederherstellung und Erhaltung der Schulen, ingleichen von denen, welche in die Schule gehen sollen, bestimmet, werden Sie zuerst von mir hören.

Was die Schulmeister selbst betrift, was, und wie in Schulen zu lehren ist, wird Ihnen der zur Unterweisung bestimmte Herr Direktor hiesiger Normalschule zeigen. Ich selbst werde Sie, nachdem alles wird seyn gezeiget worden, was Schulmeister bei allen Theilen des Unterrichts zu thun haben, von dem noch unterrichten, was eigentlich Pfarrern bei der Aufsicht der Schulen oblieget, und auch was die Visitatoren bei der Untersuchung der ihnen anvertrauten Schulen zu thun haben, vornämlich aber werde ich selbst ihnen umständlichen Unterricht über das ertheilen, was zum eigentlichen Katechisiren oder zur zweckmäßigen Unterweisung der Jugend in der Religion gehöret.

Es wird Ihnen sodann die Kenntniß jener Dinge nicht fehlen, welche zur guten Besorgung der Landschulen erforderlich sind. Wenn Sie alles dieses befolgen so wird auch gewiß der Endzweck erreichet werden, wozu diese Unterweisung veranstaltet ist.